PREMIER
ALPHABET
CHRÉTIEN,

DIVISÉ PAR SYLLABES.

OU

la vraie manière d'apprendre à lire
aux Enfans,

à l'usage des Ecoles.

PARIS.

Jⁿ. MORONVAL, IMPRIMEUR-LIBRAIRE
des Frères des Ecoles Chrétiennes,
RUE GALANDE, Nº. 65, PRÈS LA RUE S.-JACQUES.

M. DCCC. XXVIII.

a b c d e
f g h i j k l
m n o p q r
s t u v x y z
fi w ffi œ fl æ
ff ç ffl . , ; : ! ?

✠ A B C D
E F G H I J
K L M N O P
Q R S T U V
X Y Z Æ Œ W

Chiffres Romains.

I, II, III, IV, V, VI, VII, VIII,
IX, X, XI, XII.

Chiffres Arabes.

1, 2, 3, 4, 5, 6, 7, 8, 9, 10.

Aa Bb Cc Dd Ee
Ff Gg Hh Ii Jj Kk
Ll Mm Nn Oo Pp
Qq Rr Ss Tt Uu
Vv Xx Yy Zz.
p d b l h o y a n
m s c i r e t h u f
d b z g x q p v.

Les cinq Voyelles.

a e i o u.

Aa. Bb. Cc. Dd. Ee. Ff.
Gg. Hh. Ii. Jj. Kk. Ll.
Mm. Nn. Oo. Pp. Qq. Rr.
Ss. Tt. Uu. Vv. Xx. Yy.
Zz. Æœ. Œœ. Ww.

é ; â, ê, î, ô, û ; à, è, ù ; ë, ï, ü.
ba bé bê be bi bo bu.
ca cé cê ce ci co cú.
ka ké kê ke ki ko ku.
da dé dê de di do du.
fa fé fê fe fi fo fu.
pha phé phê phe phi pho phu.
ga gé gê ge gi go gu.
ha hé hê he hi ho hu.
ja jé jê je ji jo ju.

la lé lê le li lo lu.
ma mé mê me mi mo mu.
na né nê ne ni no nu.
pa pé pê pe pi po pu.
qua qué quê que qui quo quu.
ra ré rê re ri ro ru.
sa sé sê se si so su.
ta té tê te ti to tu.
va vé vê ve vi vo vu.
xa xé xê xe xi xo xu.
za zé zê ze zi zo zu.
bla blé blê ble bli blo blu.
bra bré brê bre bri bro bru.
cla clé clê cle cli clo clu.

cra cré crê cre cri cro cru.
dra dré drê dre dri dro dru.
fra fré frê fre fri fro fru.
phra phré phre phri phro phru.
fla flé flê fle fli flo flu.
phla phlé phle phli phlo phlu.
gra gré grê gre gri gro gru.
gla glé glê gle gli glo glu.
pla plé plê ple pli plo plu.
pra pré prê pre pri pro pru.
spa spé spê spe spi spo spu.
sta sté stê ste sti sto stu.
tla tlé tlê tle tli tlo tlu.
tra tré trê tre tri tro tru.
vra vré vrê vre vri vro vru.

L'Oraison Dominicale.

No-tre, Pè-re, qui, ê-tes, aux, ci-eux, que, vo-tre, rè-gne, ar-ri-ve, que, vo-tre, vo-lon-té, soit, fai-te, en, la, ter-re, com-me, au, ci-el. Don-nez-nous, au-jour-d'hui, no-tre, pain, quo-ti-di-en. Et, par-don-nez-nous, nos, of-fen-ses, com-me, nous, par-don-nons, à, ceux, qui, nous, ont, of-fen-sés. Et, ne, nous, a-ban-don-nez, point, à, la, ten-ta-ti-on. Mais, dé-li-vrez-nous du, mal. Ainsi, soit-il.

De la Salutation Angélique.

Je, vous, sa-lue Ma-rie plei-ne, de, grâ-ces, le, Sei-gneur, est, a-vec, vous, vous, ê-tes, bé-nie, en-tre, tou-tes, les, fem-mes, et, Jé-sus, le, fruit, de, vos, en-trail-les, est, bé-ni.

Sain-te, Ma-rie, mè-re, de, Di-eu, pri-ez, pour, nous, pau-vres, pé-cheurs, main-te-nant, et, à, l'heu-re, de, no-tre, mort. Ainsi, soit-il.

Le Symbole des Apôtres.

Je crois en Dieu le Père tout-puissant, créateur du ciel et de la terre ; et en Jésus-Christ son Fils unique, notre Seigneur, qui a été conçu du Saint-Esprit, est né de la Vierge Marie, qui a souffert sous Ponce-Pilate, a été crucifié, est mort et a été enseveli ; est descendu aux enfers ; le troisième jour est ressuscité d'entre les morts ; est monté aux cieux, est assis à la droite de Dieu le père tout-puissant, d'où il viendra juger les vivans et les morts.

Je crois au Saint-Esprit, à la sainte Eglise Catholique, la communion des Saints, la rémission des péchés, la résurrection de la chair, et la vie éternelle. Ainsi soit-il.

La Confession des péchés.

Je, me, con-fes-se, à, Di-eu, tout-puissant, à, la, bien-heu-reu-se, Ma-rie, tou-jours, Vi-er-ge, à, saint, Mi-chel, Ar-chan-ge, à, saint, Jean-Bap-tis-te, aux, A-pô-tres, saint, Pi-er-re, et, saint, Paul, et, à, tous, les, saints, par-ce, que, j'ai, beau-coup, pé-ché, par, pen-sées, par, pa-ro-les, par, ac-ti-ons, et, par, o-mis-si-ons. C'est, ma, fau-te, c'est, ma, fau-te, c'est, ma, très-gran-de, fau-te. C'est, pour-quoi, je, sup-plie, la, bien-heu-reu-se, Ma-rie, tou-jours, Vi-er-ge, saint, Mi-chel, Ar-chan-ge, saint, Jean-Bap-tis-te, les, A-pô-tres, saint-Pier-re, et, saint, Paul, et, tous, les, Saints, de, pri-er, pour, moi, le, Sei-gneur, no-tre, Di-eu. Ain-si, soit-il.

PATER.

Pa-ter nos-ter, qui es in cœ-lis; sanc-ti-fi-ce-tur no-men tu-um; ad-ve-ni-at regnum tu-um; fi-at vo-lun-tas tua si-cut in cœ-lo et in ter-râ : pa-nem no-strum quo-ti-di-a-num da no-bis ho-die; et di-mit-te no-bis de-bi-ta nos-tra, si-cut et nos di-mit-ti-mus de-bi-to-ri-bus nos-tris : et ne nos in-du-cas in ten-ta-ti-o-nem; sed li-be-ra nos à ma-lo. A-men.

An-ge-li-ca Sa-lu-ta-ti-o.

A-ve Ma-ri-a, gra-ti-â ple-na, Do-mi-nus te-cum be-ne-dic-ta tu in mu-lie-ri-bus, et be-ne-dic-tus fruc-tus ven-tris tu-i Jesu. Sanc-ta-Ma-ri-a, Ma-ter De-i, o-ra pro no-bis pec-ca-to-ri-bus, nunc et in ho-râ mor-tis nos-træ. A-men.

Credo in Deum Patrem omnipotentem, Creatorem cœli et terræ; et in Jesum Christum Filium ejus unicum, Dominum nostrum, qui conceptus est de Spiritû sancto, natus ex de Mariâ Virgine, passus sub

Pontio Pilato : crucifixus, mortuus et sepultus tertiâ die resurrexit à mortuis, ascendit ad cœlos ; sede ad dexteram Dei Patris omnipotentis : indè venturus est judicare vivos et mortuos.

Credo in Spiritum sanctum, sanctam Ecclesiam Catholicam, Sanctorum communionem, remissionem peccatorum, carnis resurrectionem, vitam æternam. Amen.

Pec-ca-to-rum Con-fes-si-o.

Con-fi-te-or De-o om-ni-po-ten-ti, be-a-tæ Ma-ri-æ sem per vir-gi-ni, be-a-to Mi-cha-e-li A-chan-ge-lo, be-a-to Jo-an-ni Bap-tis-tæ, sanc-tis A-pos-to-lis Pe-tro et Pau-lo, om-ni-bus Sanc-tis, et ti-bi pa-ter quia pec-ca-vi ni-mis co-gi-ta-ti-o-ne ver-bo et o-pe-re, me-â cul-pâ, me-â cul-pâ, me-â ma-xi-m-â culpâ ; i-deo pre-cor Be-a-tam Ma-ri-am sem-per Vir-gi-nem, be-a-tum Mi-cha-e-lem Ar-chan-ge-lum, be-a-tum Jo-an-nem Bap-tis-tam, sanc-tos A-pos-to-los Pe-trum et Pau-lum, om-nes sanc-tos, et te pa-ter o-ra-re pro-me ad Do-mi-num De-um nos-trum, AMEN.

Les Commandemens de Dieu.

1. Un seul Dieu tu adoreras et aimeras parfaitement.

2. Dieu en vain tu ne jureras, ni autre chose pareillement.

3. Les Dimanches tu garderas, en servant Dieu dévotement.

4. Tes père et mère honoreras, afin que tu vives longuement.

5. Homicide point ne seras de fait ni volontairement.

6. Luxurieux point ne seras de corps ni de consentement.

7. Les biens d'autrui tu ne prendras ni retiendras à ton escient.

8. Faux témoignage ne diras ni mentiras aucunement.

9. L'œuvre de chair ne désireras qu'en mariage seulement.

10. Biens d'autrui ne convoiteras, pour les avoir injustement.

Les Commandemens de l'Église.

1. Les fêtes tu sanctifieras, qui te sont de commandement.

2. Les dimanches messe ouïras, et les fêtes pareillement.

3. Tous tes péchés confesseras, à tout le moins une fois l'an.

4. Ton Créateur tu recevras, au moins à Pâques humblement.

5. Quatre-temps, Vigiles jeûneras, et le Carême entièrement.

6. Vendredi chair ne mangeras, ni le samedi mêmement.

FIN.

Imprimerie de J^h. MORONVAL, rue Galande, n°. 65.

www.ingramcontent.com/pod-product-compliance
Lightning Source LLC
Chambersburg PA
CBHW061627040426
42450CB00010B/2698